Illustrations: Stéphane Poulin
Texte: Michel Quintin

# LES DINOSAURES

ÉDITIONS
MICHEL
QUINTIN

Pellicule, photographe animalier

**P**ellicule, le fameux photographe animalier de réputation internationale, vient tout juste de rentrer d'un gigantesque safari-photo.

Inondé par le courrier de ses jeunes admirateurs, qui ne cessaient de le questionner sur les dinosaures, Pellicule, astucieux et original comme toujours, avait décidé de faire un retour dans le temps, à bord de son Rétro-frigo-chrono. Il espérait ainsi avoir l'occasion d'observer de près ces géants des temps jadis et, avec un peu de chance, d'en rapporter quelques clichés. Ce serait la meilleure façon de répondre aux questions de ses amis.

Psst!...

Tu sais à quel point Pellicule peut être excentrique, n'est-ce pas? Gaffeur-né, il a le don de se mettre les pieds dans les plats... Eh bien, imagine-toi que... Non! Je ne te le dis pas! Regarde plutôt l'album souvenir que voici.

Au temps des dinosaures, il existait aussi des insectes, des mammifères, des reptiles...

Les dinosaures vivaient sur la terre ferme.

Et ils pondaient tous des oeufs.

Certains se nourrissaient de plantes.

D'autres préféraient la viande.

Il y avait des dinosaures
de toutes les tailles.

Si certains étaient lents, d'autres pouvaient
courir très vite.

À l'époque des dinosaures, il y avait aussi d'autres reptiles géants, qui pouvaient voler dans les airs ou vivre dans la mer.

Puis un jour, bien avant la naissance du premier humain, ils disparurent tous.

C'est durant l'ère mésozoïque, voilà environ 225 millions d'années, que vécurent les dinosaures. Ils habitèrent presque partout sur la terre et ce, pendant 160 millions d'années.

Tous les dinosaures avaient des traits en commun: ils avaient la peau écailleuse; ils pondaient des oeufs (le plus gros mesurait 30 cm); ils vivaient et se déplaçaient surtout sur la terre ferme (mais pouvaient aussi aller dans l'eau à l'occasion); ils avaient les pattes placées directement sous le corps, ce qui leur permettait de marcher et de courir en ligne droite.

Il y avait pourtant de grandes différences entre certains groupes: si la plupart étaient des mangeurs de plantes, paisibles, d'autres étaient de féroces chasseurs, mangeurs de viande; si beaucoup étaient gigantesques, plusieurs étaient petits et certains avaient à peine la taille d'une poule; si bon nombre étaient balourds et ne se déplaçaient que très lentement, d'autres pouvaient courir aussi vite, sinon plus vite qu'un cheval.

À la même époque que les dinosaures, d'autres reptiles géants vivaient dans la mer et dans les airs. Cela fait déjà 65 millions d'années que le dernier des dinosaures est mort, soit bien avant que les premiers humains fassent leur apparition, voilà à peine quelques millions d'années.

Il y aurait plusieurs raisons possibles à cette disparition. Le climat de la terre se serait-il refroidi? Les dinosaures auraient-ils manqué de nourriture? La maladie les aurait-elle décimés? Des petits mammifères auraient-ils dévoré leurs oeufs? Un météorite serait-il tombé sur la terre? Personne ne connaît vraiment la réponse.

Par contre, plusieurs scientifiques prétendent que les oiseaux seraient les descendants d'un groupe de dinosaures. Ceux-ci ne seraient donc pas complètement disparus!

## Nom des espèces illustrées dans le livre (par page, de gauche à droite)

P. 4-5:     tortue, crocodile, libellule, iguanodon (dinosaure), blatte, morganucodon.

P. 6-7:     pachycéphalosaure, euoplocéphalus, tricératops, tyrannosaure.

P. 8-9:     maïasaura, protocératops, oviraptor.

P. 10-11:   camptosaure, stégosaure, brachiosaure.

P. 12-13:   tyrannosaure, déinonychus.

P. 14-15:   parasaurolophus (long. 9 m.), saltopus (long. 60 cm), diplodocus (long. 30 m).

P. 16-17:   tricératops (50 km/hre), compsognathus (60 km/hre), apatosaure (brontosaure) (4 km/hre), ornithomimus (80 km/hre).

P. 18-19:   ptéranodon, ichthyosaure, élasmosaure.

P. 20-21:   corythosaure, tricératops, tyrannosaure.

P. 22-23:   stégosaure (queue et dos).

**Données de catalogage avant publication (Canada)**

Poulin, Stéphane

Les dinosaures

(Pellicule, photographe animalier)
Pour enfants.

ISBN 2-920438-74-3

1. Dinosaures - Ouvrages pour la jeunesse. I. Quintin,
Michel, 1953-      . II. Titre. III. Collection: Poulin, Stéphane.
Pellicule, photographe animalier.

QE862.D5P68     1992     J567.9'1     C92-096115-0

La publication de cet ouvrage a été rendue possible grâce au soutien financier du ministère des Affaires culturelles du Québec et du Conseil des Arts du Canada.

Dépôt légal: 3e trimestre 1992
Bibliothèque nationale du Québec
Bibliothèque nationale du Canada

©1992, Éditions Michel Quintin
C.P. 340, Waterloo (Québec)
Canada J0E 2N0

Imprimé à Hong Kong par South China Printing

10 9 8 7 6 5 4 3 2 1

*Dans la même collection:*

Album de famille
Les animaux en hiver
Les jeux zoolympiques
Les animaux en danger